VAMOS BRINCAR NO PARQUE?

TEXTO E ILUSTRAÇÕES DE RUTH WALTON

Tradução de
Camila Aline Zanon

1ª edição
São Paulo, 2012

Moderna

Nos finais de semana vamos ao parque.
Lá há muitas coisas divertidas para fazer!

Você puxa o portão para abri-lo e entrar no parquinho.

Há um gira-gira, uma gangorra, cavalinhos, balanços e um escorregador.

Em qual deles você gosta mais de brincar?

Você empurra o gira-gira para fazê-lo girar.

Descer pelo escorregador é muito divertido!

Você sabe como um escorregador funciona?

Depois de subir a escada, uma **força** chamada **gravidade** empurra você escorregador abaixo.

O que você pode fazer para descer mais rápido no escorregador?

A principal força que empurra você para baixo no escorregador é a gravidade. Sem a gravidade flutuaríamos no ar! O que nos faz descer mais devagar é uma força chamada **atrito**. Ela acontece quando duas superfícies se esfregam uma na outra. Se você vestir roupas feitas de materiais lisos haverá menos atrito entre suas roupas e o metal liso do escorregador. Você vai escorregar ainda mais depressa!

A gravidade é invisível e empurra os objetos. Sobre a Terra, ela empurra tudo para baixo em direção ao chão.

A gravidade dá **peso** às coisas e impede que tudo vá para o espaço.

EXPERIMENTO: Como a gravidade afeta os objetos em movimento?

Do que você vai precisar: Duas bolas iguais, Duas pessoas

PASSO 1: Encontre um lugar em que o chão seja plano (um parque ou um campo de futebol). Observe o diagrama abaixo: um de vocês soltará a bola e o outro a jogará. Vocês dois devem lançar a bola a partir da mesma altura.

PASSO 2: Lancem as bolas juntos. Gritem assim que as bolas atingirem o chão. Façam isso algumas vezes e depois troquem de ação entre si. Qual bola atinge o chão primeiro? Ou elas levam o mesmo tempo para atingi-lo?

Pessoa 1 — Pessoa 2 — MESMA ALTURA

O que você aprendeu sobre a gravidade?

Verifique a resposta na página 29.

Esta garotinha está brincando na gangorra com seu irmão. Eles acham fácil erguer um ao outro na gangorra.

Por que você acha que isso acontece?

A gangorra é um tipo de **alavanca**. O peso de cada criança faz a gangorra subir e descer a partir de um ponto fixo, chamado **eixo**.

Observe a gangorra com atenção.
Onde você acha que está o eixo?

Todas estas coisas usam alavancas para funcionar:

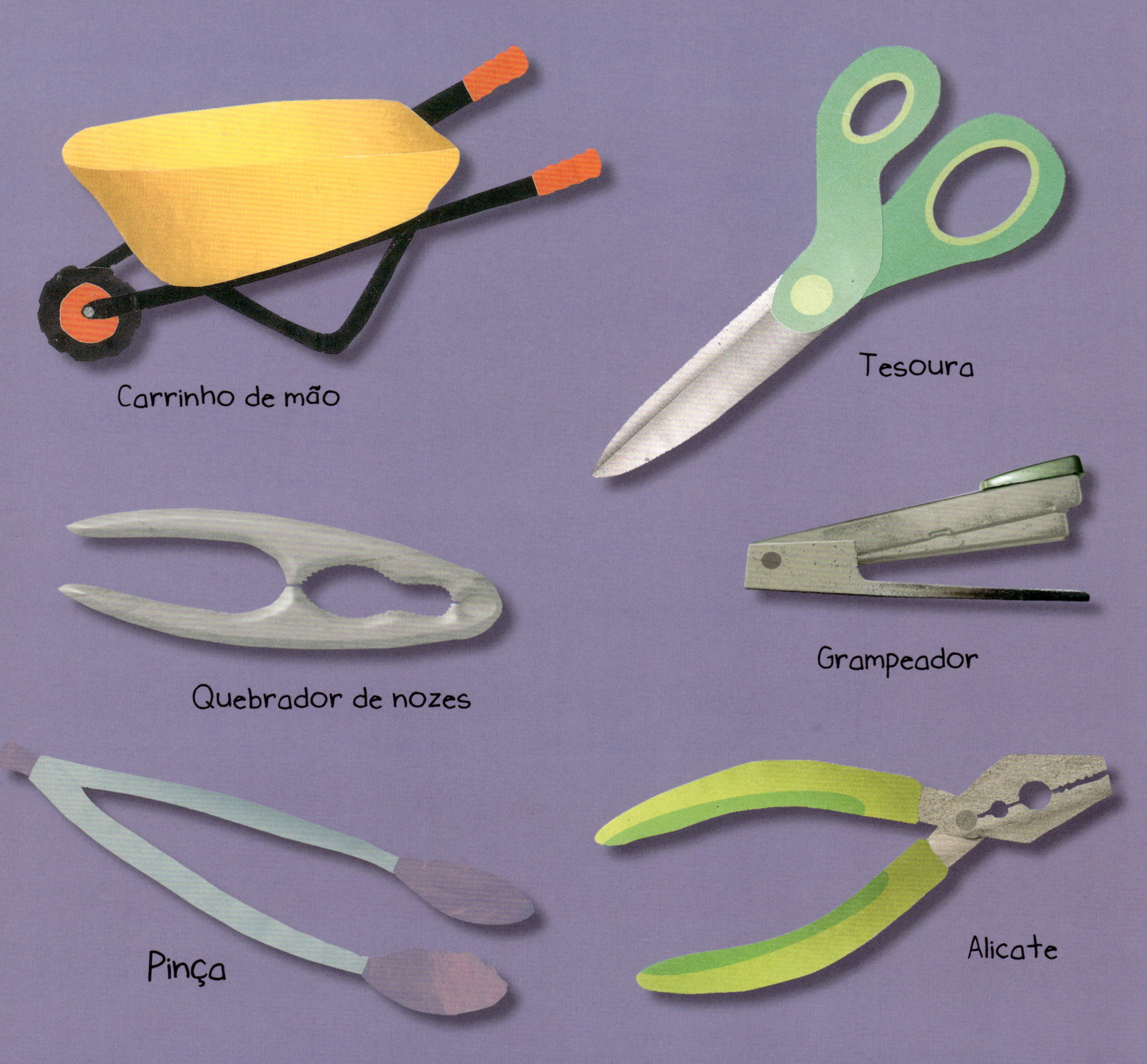

Carrinho de mão

Tesoura

Quebrador de nozes

Grampeador

Pinça

Alicate

Qual figura não se encaixa? Por quê?

Encontre a resposta na página 29.

No churrasco

Olhando um mapa

Cortando papel

Na fazenda

13

Brincar no balanço é muitíssimo divertido. Se você balançar bem alto, vai se sentir quase voando!

O que acontece se alguém empurrar você enquanto estiver balançando?

Como funciona o balanço?

O balanço é um tipo de **pêndulo**. Ele fica pendurado a uma estrutura e pode ser movido livremente para trás e para frente.

Tente esticar as pernas enquanto você balança. O que acontece?

15

Para que mais servem os pêndulos?

Alguns relógios usam pêndulos para marcar o tempo, porque cada vaivém leva a mesma quantidade de tempo.

Antigamente a maioria dos relógios tinha um pêndulo, que balançava de um lado para o outro fazendo um som de "tique-taque"!

Pêndulo

EXPERIMENTO: Faça um pêndulo!

Do que você vai precisar:

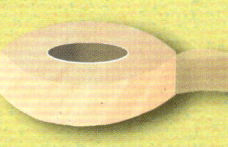

Porcas de metal — Barbante — Fita adesiva — Cronômetro — Uma mesa

PASSO 1: Amarre uma porca de metal na extremidade do barbante. Faça um nó duplo para que ela não se solte. Prenda a outra extremidade do barbante na beirada da mesa usando a fita adesiva.

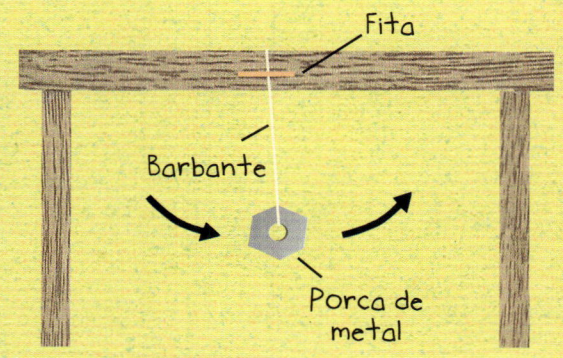

PASSO 2: Erga a porca de metal com o barbante esticado até o nível da mesa e solte-a. Ao mesmo tempo, inicie o cronômetro. Conte o número de vezes que o pêndulo vai para frente e para trás em 30 segundos. Depois, tente cronometrar novamente, mas dessa vez dê um pequeno empurrão no pêndulo. Anote suas respostas.

PASSO 3: Junte a outra porca de metal ao barbante e faça o experimento novamente. O número de vezes que o pêndulo vai para frente e para trás em 30 segundos mudou? Tente mudar o comprimento do barbante também! Anote todos os resultados.

O que você descobriu?

Verifique os resultados na página 29.

Se você gosta de rodar, é divertido brincar no gira-gira. Quando você está girando parece que alguma coisa quer que você saia voando! Isso é chamado **força centrífuga** e funciona em objetos que estão em **rotação**.

Você pode ir bem rápido se tiver alguém para empurrar o gira-gira, mas peça que parem se estiver se sentindo muito zonzo!

Por que girar deixa você zonzo?

Quando você fica zonzo é porque seu cérebro está confuso com as mensagens recebidas. Um fluido dentro de uma parte do seu ouvido toca **nervos** *que mandam mensagens para seu cérebro. Quando você gira, ele se confunde com as mensagens, então seu corpo parece continuar se movendo mesmo que você já tenha parado!*

Ouvido interno

Se você estiver se sentindo zonzo, é bom deitar até que se sinta melhor!

Em um parque de diversões, os passageiros de um chapéu mexicano são empurrados para fora pela força centrífuga.

Você já brincou em um chapéu mexicano?

Brincando em um chapéu mexicano.

Quando você está em um carro e ele faz uma curva, você se inclina para o outro lado.

Qual força faz você virar para o outro lado?

Verifique a resposta na página 29.

Não se esqueça do cinto de segurança!

EXPERIMENTO: Vire um copo com água de ponta-cabeça sem derramar

Do que você vai precisar:

- Tesoura
- Copo de plástico
- Água
- 70 cm de barbante

PASSO 1: Peça a um adulto que faça dois furos em partes opostas da beirada do copo de plástico usando a tesoura. Passe o barbante pelos furos e amarre juntando as extremidades com um nó forte.

PASSO 2: Segure o copo com uma mão e dê um pequeno empurrão no barbante para se certificar de que está seguro. Encha metade do copo com água.

PASSO 3: Segure bem firme no nó do barbante e balance suavemente o copo para lá e para cá. Depois gire o copo fazendo a volta inteira. Pratique fora de casa antes!

O que aconteceu?

Verifique os resultados na página 29.

Às vezes vamos a parques de aventura. Eles são grandes e têm uma estrutura de madeira. Há muitos brinquedos diferentes para se divertir.

Que força está desacelerando esta tirolesa?

Que força o empurra no escorregador?

Observe com atenção o parque de aventura e tente responder a todas as questões! Se você não conseguir, olhe de novo as páginas anteriores.

Onde você encontra um pêndulo ou uma alavanca?

Onde está o eixo desta gangorra?

Você pode se divertir bastante mesmo sem ir a um parque. Existem muitas brincadeiras divertidas para manter você em forma.

O bambolê usa força centrífuga!

O pé da menina empurrou a bola de futebol para o ar. A gravidade vai trazê-la de volta para o chão.

Brincadeiras imaginárias são boas para o seu cérebro e elas podem ser muito divertidas.

Estou imaginando que faço parte de um campeonato de pular corda!

Levar o cachorro para passear pode ser ainda mais divertido se você usar a imaginação!

Qual é a sua brincadeira preferida?

ATIVIDADE:
Projete um parquinho!

Aqui estão algumas coisas de que você pode precisar para projetar seu parquinho.

Borracha

Canetinhas coloridas

Papel em branco

Apontador de lápis

Régua

Lápis

As figuras ao lado podem dar algumas ideias a você.

O escorregador vai ser reto ou cheio de curvas?

Como vai ser o trepa-trepa?

Como vai ser o balanço?

Seu parquinho vai ter uma casa na árvore?

Vai ter parede de escalada?

Não se preocupe com a qualidade do desenho, apenas se divirta.
Use a imaginação para projetar o parquinho dos seus sonhos!

Glossário

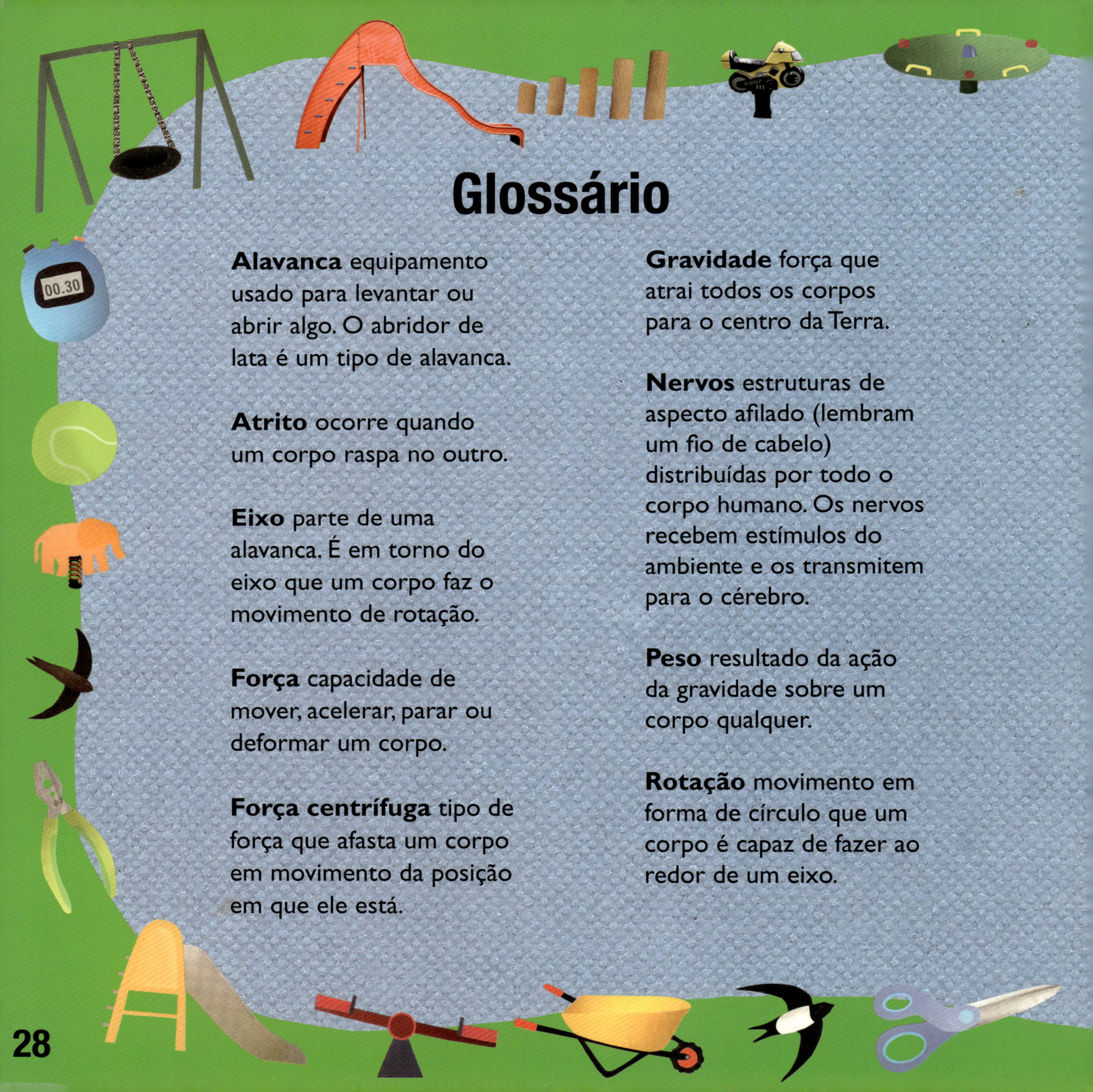

Alavanca equipamento usado para levantar ou abrir algo. O abridor de lata é um tipo de alavanca.

Atrito ocorre quando um corpo raspa no outro.

Eixo parte de uma alavanca. É em torno do eixo que um corpo faz o movimento de rotação.

Força capacidade de mover, acelerar, parar ou deformar um corpo.

Força centrífuga tipo de força que afasta um corpo em movimento da posição em que ele está.

Gravidade força que atrai todos os corpos para o centro da Terra.

Nervos estruturas de aspecto afilado (lembram um fio de cabelo) distribuídas por todo o corpo humano. Os nervos recebem estímulos do ambiente e os transmitem para o cérebro.

Peso resultado da ação da gravidade sobre um corpo qualquer.

Rotação movimento em forma de círculo que um corpo é capaz de fazer ao redor de um eixo.

Respostas e resultados

Página 9: As bolas devem atingir o chão quase ao mesmo tempo. Isso mostra que a gravidade afeta objetos parados e em movimento ao mesmo tempo!

Página 13: A figura de crianças olhando para um mapa é a que não se encaixa. Todas as outras mostram pessoas usando alavancas.

Página 17: O número de vaivéns do pêndulo não é afetado por seu peso ou pela altura da qual é solto, mas é afetado pelo comprimento do barbante!

Página 20: A força centrífuga empurra seu corpo para fora por causa do movimento circular que o carro está fazendo.

Página 21: A água é mantida no copo pela força centrífuga, conforme o copo gira.

© FRANKLIN WATTS, 2011

≡ Moderna

COORDENAÇÃO EDITORIAL: Lisabeth Bansi
ASSISTÊNCIA EDITORIAL: Paula Coelho
TRADUÇÃO: Camila Aline Zanon
COORDENAÇÃO DE EDIÇÃO DE ARTE: Camila Fiorenza
DIAGRAMAÇÃO: Vitória Sousa
ILUSTRAÇÕES: Ruth Walton
COORDENAÇÃO DE REVISÃO: Elaine Cristina del Nero
REVISÃO: Afonso N. Lopes, Patrícia Murari
COORDENAÇÃO DE *BUREAU*: Américo Jesus
PRÉ-IMPRESSÃO: Helio P. de Souza Filho, Marcio Hideyuki Kamoto
COORDENAÇÃO DE PRODUÇÃO INDUSTRIAL: Wilson Aparecido Troque
IMPRESSÃO E ACABAMENTO: Atrativa Gráfica e Editora

Créditos das fotos: agradecemos a *Istockphoto* e *Shutterstock Images*.

Dados Internacionais de Catalogação na Publicação (CIP)
(Câmara Brasileira do Livro, SP, Brasil)

Walton, Ruth
  Vamos brincar no parque? /
texto e ilustrações de Ruth Walton ;
tradução de Camila Aline Zanon. —
1. ed. — São Paulo : Moderna, 2012. —
(Série descobertas)

  Título original: *Let's go to the playground*
  ISBN 978-85-16-07500-2

  1. Literatura infantojuvenil I. Título.
II. Série.

11-13063   CDD-028.5

Índices para catálogo sistemático:
  1. Literatura infantojuvenil   028.5
  2. Literatura juvenil   028.5

DE ACORDO COM AS NOVAS NORMAS ORTOGRÁFICAS

Reprodução proibida. Art.184 do Código Penal e Lei 9.610 de 19 de fevereiro de 1998.

Todos os direitos reservados
EDITORA MODERNA LTDA.
Rua Padre Adelino, 758 - Belenzinho
São Paulo - SP - Brasil - CEP 03303-904
Vendas e Atendimento: Tel. (11) 2790-1300
Fax (11) 2790-1501
www.modernaliteratura.com.br
2012
Impresso no Brasil

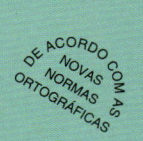